RUDOLF STEINER

WELTEN-NEUJAHR
DAS TRAUMLIED VOM OLAF ÅSTESON

RUDOLF STEINER

Welten-Neujahr
Das Traumlied vom Olaf Åsteson

Ein Vortrag, gehalten in Dornach
am 31. Dezember 1914

1981
RUDOLF STEINER VERLAG
DORNACH/SCHWEIZ

Nach vom Vortragenden nicht durchgesehenen Nachschriften,
herausgegeben von der Rudolf Steiner-Nachlaßverwaltung
Die Herausgabe besorgten Edwin Froböse und Johann Waeger

EINZELAUSGABE

1. Auflage: «Welten-Neujahr – Das Erwachen der Menschenseele
aus dem Geistesschlaf der finsteren Zeit», Dornach 1932

2. Auflage, erweitert um die Vorträge Hannover, 1. Januar 1912
und Berlin, 7. Januar 1913: «Welten-Neujahr. Das Traumlied
vom Olaf Åsteson», Dornach 1958

3. Auflage (ohne die Erweiterung der 2. Auflage), Dornach 1967

4. Auflage (photomech. Nachdruck), Dornach 1981

Sonderdruck aus Bibliographie Nr. 275
«Kunst im Lichte der Mysterienweisheit»
Rudolf Steiner Gesamtausgabe, Dornach 1980

Umschlagzeichnung von Assia Turgenieff

Printed in Switzerland by Meier + Cie AG Schaffhausen

ISBN 3-7274-5124-6

Zu den Veröffentlichungen
aus dem Vortragswerk von Rudolf Steiner

Die Grundlage der anthroposophisch orientierten Geisteswissenschaft bilden die von Rudolf Steiner (1861–1925) geschriebenen und veröffentlichten Werke. Daneben hielt er in den Jahren 1900 bis 1924 zahlreiche Vorträge und Kurse, sowohl öffentlich wie auch für die Mitglieder der Theosophischen, später Anthroposophischen Gesellschaft. Er selbst wollte ursprünglich, daß seine durchwegs frei gehaltenen Vorträge nicht schriftlich festgehalten würden, da sie als «mündliche, nicht zum Druck bestimmte Mitteilungen» gedacht waren. Nachdem aber zunehmend unvollständige und fehlerhafte Hörernachschriften angefertigt und verbreitet wurden, sah er sich veranlaßt, das Nachschreiben zu regeln. Mit dieser Aufgabe betraute er Marie Steiner-von Sivers. Ihr oblag die Bestimmung der Stenographierenden, die Verwaltung der Nachschriften und die für die Herausgabe notwendige Durchsicht der Texte. Da Rudolf Steiner aus Zeitmangel nur in ganz wenigen Fällen die Nachschriften selbst korrigieren konnte, muß gegenüber allen Vortragsveröffentlichungen sein Vorbehalt berücksichtigt werden: «Es wird eben nur hingenommen werden müssen, daß in den von mir nicht nachgesehenen Vorlagen sich Fehlerhaftes findet.»

Über das Verhältnis der Mitgliedervorträge, welche zunächst nur als interne Manuskriptdrucke zugänglich waren, zu seinen öffentlichen Schriften äußert sich Rudolf Steiner in seiner Selbstbiographie «Mein Lebensgang» (35. Kapitel). Der entsprechende Wortlaut ist am Schluß dieser Ausgabe wiedergegeben. Das dort Gesagte gilt gleichermaßen auch für die Kurse zu einzelnen Fachgebieten, welche sich an einen begrenzten, mit den Grundlagen der Geisteswissenschaft vertrauten Teilnehmerkreis richteten.

Nach dem Tode von Marie Steiner (1867–1948) wurde gemäß ihren Richtlinien mit der Herausgabe einer Rudolf Steiner Gesamtausgabe begonnen. Die vorliegende Einzelausgabe ist dem auf Seite 4 genannten Band der Gesamtausgabe entnommen.

WELTEN-NEUJAHR
DAS TRAUMLIED VOM OLAF ÅSTESON

Dornach, 31. Dezember 1914

Wir beginnen diese Feier unseres Jahresschlusses damit, daß uns Frau Dr. Steiner die schöne norwegische Legende von «Olaf Åsteson» zum Vortrag bringen wird, von jenem Olaf Åsteson, der, als die Weihnachtszeit herannahte, in eine Art von Schlaf verfiel, welcher dreizehn Tage dauerte: die heiligen dreizehn Tage, die wir bei verschiedenen unserer Betrachtungen kennengelernt haben. Während dieses Schlafes hatte er wichtige Erlebnisse, von denen er dann, als er wieder erwachte, zu erzählen wußte.

Wir haben in diesen Tagen verschiedene Betrachtungen angestellt, die uns darauf aufmerksam machen konnten, wie wir durch die geisteswissenschaftliche Weltanschauung in einer andern Weise alte Erkenntnisschätze für die menschliche Erkenntnis wiedergewinnen, die in vergangenen Tagen gewußt worden sind von den Menschen als dasjenige, was den geistigen Welten angehört. Immer wieder und wieder werden wir durch das eine oder andere auf dieses vorweltliche Wissen von den geistigen Welten stoßen, und immer wieder werden wir daran erinnert, daß dieses Wissen der Vorzeit darauf beruhte, daß der Mensch vermöge seiner früheren Organisation in einem solchen Zusammenhang stehen konnte mit dem ganzen Weltenall und seinem Geschehen, daß, wie wir uns in unserer Sprache ausdrücken, der menschliche Mikrokosmos eintauchte in die Gesetzmäßigkeit, in das Geschehen des Makrokosmos, und daß er bei diesem Eintauchen in den Makrokosmos Erlebnisse haben konnte über Dinge, die sein Seelenleben innig angehen, die ihm aber verborgen bleiben müssen, solange er auf dem physischen Plane als Mikrokosmos wandelt und nur mit derjenigen Erkenntnis ausgestattet ist, die den Sinnen und dem an die Sinne gebundenen Verstande gegeben ist.

Wir wissen, wie nur eine materialistische Weltanschauung des Glaubens sein kann, daß allein der Mensch innerhalb der Weltenordnung mit einem Erkenntnis-, Gefühls- und Willensvermögen begabt sei, während man anerkennen muß vom Standpunkte einer spirituellen Weltanschauung, daß ebenso, wie es unterhalb der Menschenstufe Wesenheiten gibt, es auch Wesenheiten gibt oberhalb der menschlichen Stufe des Denkens, Fühlens und Wollens. In diese Wesenheiten kann sich der Mensch einleben, wenn er als Mikrokosmos im Makrokosmos untertaucht. Wir müssen aber dann von diesem Makrokosmos so sprechen, wie wenn er nicht nur ein Raumesmakrokosmos sei, sondern wie wenn die Zeit in ihrem Verlaufe Bedeutung habe im Leben des Makrokosmos. Wie der Mensch sich zurückziehen muß von all den Eindrücken, die auf seine Sinne ausgeübt werden können aus seiner Umgebung, wie er gleichsam um sich herum durch das Abschließen seiner Sinneswahrnehmung Finsternis erzeugen muß, um im Inneren sich das Licht des Geistes anzuzünden, wenn er in die Tiefen seiner Seele hinuntersteigen will, so muß derjenige Geist, den wir als den Erdgeist bezeichnen können, abgeschlossen sein von den Eindrücken des übrigen Kosmos. Es muß das geringste Maß von Wirkungen von dem äußeren Kosmos auf den Erdgeist ausgeübt werden, damit der Erdgeist selber sich innerlich konzentrieren, seine Fähigkeiten innerlich zusammenziehen kann. Denn dann werden die Geheimnisse entdeckt, die der Mensch deshalb durchzumachen hat mit diesem Erdgeist, weil die Erde als Erde aus dem Kosmos herausgesondert ist.

Solch eine Zeit, wo das größte Maß der Eindrücke vom äußeren Makrokosmos auf die Erde ausgeübt wird, ist die Sommersonnenwendezeit, die Johannizeit. Es erinnern uns daher viele Nachrichten aus alten Zeiten, die an Festesdarstellungen und Festesbegehungen anknüpfen, wie solche Feste inmitten der Sommerzeit stattfanden, wie die Seele in der Mitte des Sommers dadurch, daß sie sich des Ich entäußert und aufgeht im Leben des Makrokosmos, trunken hingegeben ist den Eindrücken des Makrokosmos.

Aber umgekehrt erinnern uns die legendarischen oder sonstigen Darstellungen desjenigen, was in der Vorzeit erlebt werden konnte, dann, wenn das geringste Maß der Eindrücke vom Makrokosmos zur Erde kommt, daran, daß der Erdgeist, in sich konzentriert, die Geheimnisse des Erdenseelenlebens im unendlichen All erlebt, und daß der Mensch, wenn er sich hineinbegibt in dieses Erleben zu der Zeit, in welcher am wenigsten Licht und Wärme gesendet wird aus dem Makrokosmos zur Erde, dann die heiligsten Geheimnisse miterlebt. Daher wurden diese Tage um die Weihnachtszeit herum immer so heilig gehalten, weil der Mensch, als er in seinem Organismus noch die Fähigkeit hatte, mitzuerleben das Erdenerleben in der Zeit, wo es am konzentriertesten ist, mit dem Erdgeist zusammensein konnte.

Olaf Åsteson, Olaf der Erdensohn, erlebt in diesen dreizehn kürzesten Tagen, indem er entrückt ist in den Makrokosmos, mancherlei Geheimnisse des Weltenalls. Und die nordische Legende, die in neuerer Zeit wieder ausgegraben worden ist aus alten Nachrichten, berichtet uns von den Erlebnissen, die Olaf Åsteson hatte zwischen der Weihnachts- und Neujahrszeit bis zum 6. Januar. Wir haben wohl Veranlassung, öfter zu gedenken dieser alten Art des Einlebens des Mikrokosmos in den Makrokosmos; unsere Betrachtung wird ja an solche Dinge dann anknüpfen können. Vorerst aber wollen wir hören die Legende von Olaf dem Erdensohn, der in der Zeit, in der wir jetzt sind, die Geheimnisse des Weltendaseins erlebte dadurch, daß er mit dem Erdgeist zusammenlebte. Hören wir also diese Erlebnisse.

DAS TRAUMLIED

I.

So höre meinen Sang!
Ich will dir singen
Von einem flinken Jüngling:

Es war das Olaf Åsteson,
Der einst so lange schlief.
Von ihm will ich dir singen.

II.

Er ging zur Ruh' am Weihnachtsabend.
Ein starker Schlaf umfing ihn bald,
Und nicht konnt' er erwachen,
Bevor am dreizehnten Tag
Das Volk zur Kirche ging.

Es war das Olaf Åsteson,
Der einst so lange schlief.
Von ihm will ich dir singen.

Er ging zur Ruh' am Weihnachtsabend.
Er hat geschlafen gar lange!
Erwachen konnt' er nicht,
Bevor am dreizehnten Tag
Der Vogel spreitet die Flügel!

Es war das Olaf Åsteson,
Der einst so lange schlief.
Von ihm will ich dir singen.

Nicht konnte erwachen Olaf,
Bevor am dreizehnten Tag
Die Sonne über den Bergen glänzte.
Dann sattelt' er sein flinkes Pferd,
Und eilig ritt er zu der Kirche.

Es war das Olaf Åsteson,
Der einst so lange schlief.
Von ihm will ich dir singen.

Schon stand der Priester
Am Altar lesend die Messe,
Als an dem Kirchentore
Sich Olaf setzte, zu künden
Von vieler Träume Inhalt,

Die in dem langen Schlafe
Die Seele ihm erfüllten.

Es war das Olaf Åsteson,
Der einst so lange schlief.
Von ihm will ich dir singen.

Und junge und auch alte Leute,
Sie lauschten achtsam der Worte,
Die Olaf sprach von seinen Träumen.

Es war das Olaf Åsteson,
Der einst so lange schlief.
Von ihm will ich dir singen.

III.

«Ich ging zur Ruh' am Weihnachtsabend.
Ein starker Schlaf umfing mich bald;
Und nicht konnt' ich erwachen,
Bevor am dreizehnten Tag
Das Volk zur Kirche ging.

Der Mond schien hell
Und weithin dehnten sich die Wege.

Erhoben ward ich in Wolkenhöhe
Und in den Meeresgrund geworfen,
Und wer mir folgen will,
Ihm kann nicht Heiterkeit befallen.

Der Mond schien hell
Und weithin dehnten sich die Wege.

Erhoben ward ich in Wolkenhöhe,
Gestoßen dann in trübe Sümpfe,

Erschauend der Hölle Schrecken
Und auch des Himmels Licht.

Der Mond schien hell
Und weithin dehnten sich die Wege.

Und fahren mußt' ich in Erdentiefen,
Wo furchtbar rauschen Götterströme.
Zu schauen nicht vermocht' ich sie,
Doch hören konnte ich das Rauschen.

Der Mond schien hell
Und weithin dehnten sich die Wege.

Es wiehert' nicht mein schwarzes Pferd,
Und meine Hunde bellten nicht,
Es sang auch nicht der Morgenvogel,
Es war ein einzig Wunder überall.

Der Mond schien hell
Und weithin dehnten sich die Wege.

Befahren mußt' ich im Geisterland
Der Dornenheide weites Feld,
Zerrissen ward mir mein Scharlachmantel
Und auch die Nägel meiner Füße.

Der Mond schien hell
Und weithin dehnten sich die Wege.

Ich kam an die Gjallarbrücke.
In höchsten Windeshöhen hänget diese,
Mit rotem Gold ist sie beschlagen
Und Nägel mit scharfen Spitzen hat sie.

Der Mond schien hell
Und weithin dehnten sich die Wege.

Es schlug mich die Geisterschlange,
Es biß mich der Geisterhund,
Der Stier, er stand in Weges Mitte.
Das sind der Brücke drei Geschöpfe.
Sie sind von furchtbar böser Art.

Der Mond schien hell
Und weithin dehnten sich die Wege.

Gar bissig ist der Hund,
Und stechen will die Schlange,
Der Stier, er dräut gewaltig!
Sie lassen keinen über die Brücke,
Der Wahrheit nicht will ehren!

Der Mond schien hell
Und weithin dehnten sich die Wege.

Ich bin gewandelt über die Brücke,
Die schmal ist und schwindelerregend.
In Sümpfen mußt' ich waten...
Sie liegen nun hinter mir!

Der Mond schien hell
Und weithin dehnten sich die Wege.

In Sümpfen mußt' ich waten,
Sie schienen bodenlos dem Fuß.
Als ich die Brücke überschritt,
Da fühlt' ich im Munde Erde
Wie Tote, die in Gräbern liegen.

Der Mond schien hell
Und weithin dehnten sich die Wege.

An Wasser kam ich dann,
In welchen wie blaue Flammen

Die Eismassen hell erglänzten...
Und Gott, er lenkte meinen Sinn,
Daß ich die Gegend mied.

Der Mond schien hell
Und weithin dehnten sich die Wege.

Zum Winterpfad lenkt' ich die Schritte.
Zur Rechten konnt' ich ihn sehn:
Ich schaute wie in das Paradies,
Das weithin leuchtend strahlte.

Der Mond schien hell
Und weithin dehnten sich die Wege.

Und Gottes hohe Mutter,
Ich sah sie dort im Glanze!
Nach Brooksvalin zu fahren,
So hieß sie mich, kündend,
Daß Seelen dort gerichtet werden!

Der Mond schien hell
Und weithin dehnten sich die Wege.

IV.

In andern Welten weilte ich
Durch vieler Nächte Längen;
Und Gott nur kann es wissen,
Wie viel der Seelennot ich sah –

In Brooksvalin, wo Seelen
Dem Weltgerichte unterstehen.

Ich konnte schauen einen jungen Mann,
Er hatte einen Knaben hingemordet:

Nun mußte er ihn ewig tragen
Auf seinen eignen Armen!
Er stand im Schlamme so tief

In Brooksvalin, wo Seelen
Dem Weltgerichte unterstehen.

Einen alten Mann auch sah ich,
Er trug einen Mantel wie von Blei;
So ward gestraft, daß er
Im Geize auf der Erde lebte,

In Brooksvalin, wo Seelen
Dem Weltgerichte unterstehen.

Und Männer tauchten auf,
Die feurige Stoffe trugen;
Unredlichkeit lastet
Auf ihren armen Seelen

In Brooksvalin, wo Seelen
Dem Weltgerichte unterstehen.

Auch Kinder konnt' ich schauen,
Die Kohlengluten unter ihren Füßen hatten;
Den Eltern taten sie im Leben Böses,
Das traf gar schwer ihre Geister

In Brooksvalin, wo Seelen
Dem Weltgerichte unterstehen.

Und jenem Hause zu nahen,
Es ward mir auferlegt,
Wo Hexen Arbeit leisten sollten
Im Blute, das sie im Leben erzürnt,

In Brooksvalin, wo Seelen
Dem Weltgerichte unterstehen.

Von Norden her, in wilden Scharen,
Da kamen geritten böse Geister,
Vom Höllenfürsten geleitet,

In Brooksvalin, wo Seelen
Dem Weltgerichte unterstehen.

Was aus dem Norden kam,
Das schien vor allem böse:
Voran ritt er, der Höllenfürst,
Auf seinem schwarzen Rosse

In Brooksvalin, wo Seelen
Dem Weltgerichte unterstehen.

Doch aus dem Süden kamen
In hehrer Ruhe andre Scharen.
Es ritt voran Sankt Michael
An Jesu Christi Seite

In Brooksvalin, wo Seelen
Dem Weltgerichte unterstehen.

Die Seelen, die sündenbeladen,
Sie mußten angstvoll zittern!
Die Tränen rannen in Strömen
Als böser Taten Folgen

In Brooksvalin, wo Seelen
Dem Weltgerichte unterstehen.

In Hoheit stand da Michael
Und wog die Menschenseelen
Auf seiner Sündenwaage,
Und richtend stand dabei
Der Weltenrichter Jesus Christ

In Brooksvalin, wo Seelen
Dem Weltgerichte unterstehen.

V.

Wie selig ist, wer im Erdenleben
Den Armen Schuhe gibt;
Er braucht nicht mit nackten Füßen
Zu wandeln im Dornenfeld.

Da spricht der Waage Zunge,
Und Weltenwahrheit
Ertönt im Geistesstand.

Wie selig ist, wer im Erdenleben
Den Armen Brot gereicht!
Ihn können nicht verletzen
Die Hunde in jener Welt.

Da spricht der Waage Zunge,
Und Weltenwahrheit
Ertönt im Geistesstand.

Wie selig ist, wer im Erdenleben
Den Armen Korn gereicht!
Ihm kann nicht drohen
Das scharfe Horn des Stieres,
Wenn er die Gjallarbrücke überschreiten muß.

Da spricht der Waage Zunge,
Und Weltenwahrheit
Ertönt im Geistesstand.

Wie selig ist, wer im Erdenleben
Den Armen Kleider reicht!
Ihn können nicht erfrieren
Die Eisesmassen in Brooksvalin.

Da spricht der Waage Zunge,
Und Weltenwahrheit
Ertönt im Geistesstand.»

VI.

Und junge und auch alte Leute,
Sie lauschten achtsam der Worte,
Die Olaf sprach von seinen Träumen.
Du schliefest ja gar lange…
Erwache nun, o Olaf Åsteson!

Meine lieben Freunde, wir haben gehört, wie Olaf Åsteson entschlief in jenen Schlaf, der für ihn eine Offenbarung werden sollte der Geheimnisse derjenigen Welten, die dem Sinnenleben, dem gewöhnlichen Leben auf dem physischen Plane entzogen sind. Wir haben in der Legende erhalten die Kunde von jenen alten Erkenntnissen, von jenen alten Einsichten in die geistigen Welten, die wiedererrungen werden sollen durch dasjenige, was wir die geisteswissenschaftliche Weltanschauung nennen.

Oftmals ist angeführt worden der Ausspruch, der durch alle Kundgebungen hindurchgeht, die von dem Eintritt der Menschenseele in die geistige Welt handeln, und der da besagt, daß der Mensch erst dann die geistige Welt schauen kann, wenn er mit seinem Erleben an die Pforte des Todes kommt und dann untertaucht in die Elemente. So daß er die Elemente des Erdendaseins nicht so um sich herum hat, wie sie im gewöhnlichen Leben des physischen Planes um ihn herum sind als die Erde, das Wasser, die Luft, das Feuer, sondern daß er herausgehoben ist über diese Außenseite, diese sinnliche Außenseite der Elemente und untertaucht in dasjenige, was diese Elemente sind, wenn man sie ihrer wahren Natur, ihrer nächstwahren Natur nach kennenlernt, wo Wesen in ihnen anwesend sind, die im Zusammenhange stehen mit dem Erleben der Menschenseele.

Daß Olaf Åsteson etwas von diesem Untertauchen in die Elemente erlebte, man konnte es noch nachspüren da, wo zunächst erzählt wird, wie Olaf an die Gjallarbrücke kommt, und wie er über die Brücke wandelt in den Wegen der geistigen Welt, die weithin sich dehnen.

Wie anschaulich wird uns geschildert das Erlebnis mit dem Erdenelement, wird dargestellt, wie er in das Erdenelement eintaucht. Das wird bis zu jener Anschaulichkeit gebracht, die uns sagt, daß er wie Tote, die in Gräbern liegen, selbst Erde im Munde fühlt. Und deutlich wird uns dann angedeutet, wie er das Wasserelement durchlebt und alles dasjenige, was im Wasserelement erlebt werden kann, wenn man dieses Wasserelement zugleich mit seinem moralischen Inhalt erlebt. Dann wiederum wird angedeutet, wie der Mensch zusammenkommt mit dem Feuerelement, mit dem Luftelement.

Das alles ist in einer wunderbar anschaulichen Weise geschildert und zusammengebracht in dem Erleben des Zusammenseins der Menschenseele mit den Geheimnissen der geistigen Welt. Die Legende ist später aufgefunden worden; sie ist gesammelt worden da, wo sie noch lebte im Munde des Volkes. Und es ist manches in dieser Legende, so wie sie heute ist, nicht mehr so, wie es ursprünglich war. Ursprünglich war ohne Zweifel erst die anschauliche Schilderung der Erlebnisse im Erdengebiete, dann der Erlebnisse im Wassergebiete. Und dann waren die Erlebnisse im Luft- und im Feuergebiete wohl noch viel differenzierter, als es der Fall ist in dem schwachen Nachklange, der nach Jahrhunderten aufgefunden worden ist und der uns heute vorliegt.

Ebenso war zweifellos viel großartiger und weniger sentimental der Schluß, der gar nicht mehr, so wie er heute dasteht, an die ursprünglich ungeheuer grandiose Sprache erinnert, an das übermenschlich Ergreifende, das in solchen Volkslegenden lag, während der heutige Schluß eben nur menschlich ergreifend ist, ergreifend deshalb, weil er mit so tiefen Geheimnissen des Makrokosmos und des menschlichen Erlebens im Zusammenhange steht.

In solchen Zeiten, wie diejenige ist, in der wir jetzt leben, in solchen Jahreszeiten, wenn wir sie richtig verstehen, ist viel Veranlassung gegeben, zu gedenken der Tatsache, daß die Menschheit – allerdings mit einem andersgearteten, mehr dumpfen, dämmerigen Erkennen – in der Vorzeit durchdrungen war von einem Wissen, das verlorengegangen ist und das wiedererrungen werden muß. Und da kann vor unsere Seele die Frage wiederum hintreten. Müssen wir es nicht, da wir heute schon erkennen können, wie ein solches Wissen wiederum zum Heil der Menschheit kommen muß, als eine unserer dringendsten Aufgaben betrachten, alles zu tun, was ein solches Wissen herbeiführen kann, was die jetzige Menschheitskultur mit einem solchen Wissen durchdringen kann?

Mancherlei wird notwendig sein, damit in der richtigen Weise dieser eben angedeutete Umschwung im ganzen menschlichen, ich möchte jetzt sagen, Weltanschauungsfühlen eintreten kann. Vor allen Dingen wird eines notwendig sein, eines sage ich, denn es ist eines unter vielen, aber man kann immer nur eines nehmen: notwendig wird sein, daß sich die Menschenseelen aneignen auf dem Boden unserer geisteswissenschaftlichen Weltanschauungsströmung Ehrfurcht und Hingebung gegenüber dem, was in uralten Zeiten in alter Art gewußt worden ist von den großen Geheimnissen des Daseins. Zu der Empfindung wird man gelangen müssen, wie es in den materialistischen Zeiten versäumt worden ist, diese Ehrfurcht und diese Hingebung in der Seele zu entwickeln.

Eine Empfindung wird man davon bekommen müssen, wie trocken und nüchtern diese materialistische Zeit ist, und wie hochmütig auf die Verstandeserkenntnis die Menschheit in den ersten Jahrhunderten der fünften nachatlantischen Kulturperiode dagestanden hat vor den Offenbarungen alter Religions- und alter Wissensüberlieferungen, die wahrhaftig, wenn man mit der nötigen Ehrfurcht ihnen naht, ahnen lassen, daß tiefe, tiefe Weisheit in ihnen ruht. Wie ehrfurchtslos im Grunde genommen stehen wir heute auch vor der Bibel! Ich will gar nicht sprechen von jener Art moderner Greuelforschung, welche die ganze Bibel zerzaust und zerfasert, ich will nur sprechen von der nüchternen, trockenen Art, wie wir heute, gleichsam ausgerüstet nur mit Sinnenerkenntnis und den gewöhnlichen Verstandeskräften, uns der Bibel nahen, und wie wir nicht mehr eine Empfindung aufbringen können für die ungeheure Größe menschlicher Anschauung, die aus manchen Stellen uns entgegentritt. Auf eine Stelle aus dem zweiten Moses-Buche, 33. Kapitel Vers 18, möchte ich hinweisen:

Und Mose sprach zu Gott: «Zeige mir doch die Gestalt deiner Offenbarung.»

Worauf Jahve sprach: «Ich werde vorüberziehen lassen all meine Güte an deinem Angesicht, und ich will rufen den Namen Jahves vor dir und will gnadevoll sein dem, den ich begnaden darf, und will Erbarmen üben mit dem, mit dem ich Erbarmen üben darf.»

Dann aber sprach Jahve: «Du kannst mein Antlitz nicht sehen, denn mich sieht kein Mensch, der dann noch leben bleiben kann.»

Und es sprach Jahve: «Hier ist ein Ort bei mir, stelle dich auf den Felsen. Und wenn meine Herrlichkeit vorüberzieht, so will ich dich in eine Höhlung des Felsens stellen und meine Hand über dich decken, bis ich vorüber bin. Wenn ich dann meine Hand entferne, so wirst du meine Rückseite sehen; aber mein Antlitz kann nicht geschaut werden.»

Wenn man zusammennimmt so manches, was in den verflossenen Jahren unseres geisteswissenschaftlichen Strebens in unsere Seelen und unsere Herzen hineinziehen konnte, und sich naht dieser Stelle, dann kann man die Empfindung haben: Ja, was spricht denn da für eine unendliche Weisheit aus dieser Stelle, und wie taub sind die Menschenohren des materialistischen Zeitalters, daß sie so gar nichts vernehmen können von der unendlich tiefen Weisheit, die aus dieser Stelle spricht. – Ich möchte zugleich die Gelegenheit ergreifen, Sie hinzuweisen auf ein Büchelchen, das erschienen ist mit dem Titel: «Worte Mosis», im Bruns Verlag in Minden in Westfalen, und zwar deshalb, weil manches in diesem Büchelchen aus den Fünf Büchern Moses besser übersetzt ist als in andern Ausgaben. Es hat sich da Dr. *Hugo Bergmann,* welcher der Herausgeber der «Worte Mosis» ist, für die Interpretation viele Mühe gegeben.

Daß im Grunde genommen der Mensch sich aneignen müsse eine ganz andere Art des Sich-Verhaltens zur Welt, wenn er in die geistigen Welten eintauchen will, als das Verhalten zur Sinneswelt ist, das haben wir öfter hervorgehoben. Die Sinneswelt hat der Mensch um sich. Er schaut hin auf die Sinneswelt, er sieht sie in ihren Farben und Formen, hört ihre Töne. Die Sinneswelt ist da, wir stehen ihr gegenüber, sie wirkt auf uns, wir nehmen sie in der Wahrnehmung auf, wir denken über sie nach. So ist unser Verhalten zur Sinneswelt. Wir sind passiv, sie arbeitet sich gleichsam in unsere Seele hinein. Wir denken über die Sinneswelt, wir stellen die Sinneswelt vor.

Ganz anders ist unser Verhalten, wenn wir uns hinaufleben in die geistige Welt. Darin besteht eine der Schwierigkeiten, richtige Vorstellungen zu gewinnen über das, was der Mensch erlebt, wenn er in die geistige Welt eintritt. Ich habe versucht, einige dieser Schwierigkeiten zu charakterisieren in dem Büchelchen «Die Schwelle der geistigen Welt». Wir stellen die Sinneswelt vor, wir denken über die Sinneswelt. Wenn wir alles das durchmachen, was derjenige durchzumachen hat, der den Pfad der Initiation gehen will, dann tritt etwas ein, was man so charakterisieren kann: Wie die Dinge um uns herum sich zu uns verhalten, so verhalten wir uns selber zu den Wesenheiten der höheren Hierarchien: die stellen uns vor, die denken uns. Wir denken die Gegenstände außer uns, die Mineralien, Pflanzen und Tiere: sie werden unsere Gedanken. Wir wiederum sind die Vorstellungen, Gedanken und Wahrnehmungen der Geister der höheren Hierarchien. Wir werden zu den Gedanken der Angeloi, Archangeloi, Archai und so weiter. Wir werden aufgenommen von ihnen, wie wir selber aufnehmen die Pflanzen, Tiere und Menschen. Und wir müssen uns geborgen fühlen, indem wir uns sagen können: Es denken uns die Wesen der höheren Hierarchien, sie stellen uns vor. Diese Wesen der höheren Hierarchien ergreifen uns mit ihren Seelen. – Ja, wir können uns geradezu vorstellen, indem jener Olaf Åsteson vor dem Kirchentor einschlief, wurde er eine Vorstellung der Geister der höheren Hierarchien, und während er schlief, erlebten die Wesen der höheren Hierarchien dasjenige, was erleben die Wesen des Erdgeistes, der für uns ja eine Pluralität ist. Und indem Olaf Åsteson wieder heruntersinkt in die physische Welt, erinnert er sich an dasjenige, was die Geister der höheren Hierarchien in ihm erlebt haben.

Stellen wir uns einmal vor, wir begeben uns auf den Pfad der Initiation. Wie können wir uns verhalten zu den geistigen Welten, in die wir, als in eine Summe von geistigen Wesenheiten der höheren Hierarchien, unseren Einzug halten wollen? Wie können wir uns zu ihnen verhalten? – Wir können sie ansprechen und können zu ihnen sagen: Wie gelangen wir in euch hinein, wie offenbart ihr euch uns? –

Und dann, wenn wir Verständnis gewonnen haben für die andere Art des Verhaltens der Menschenseele zu den höheren Welten, wird uns gewissermaßen entgegentönen aus den geistigen Welten: Ja, so wie du die Sinneswelt wahrnimmst, daß sie vor deinem Blicke erscheint, vor deinen Sinnen auftritt, so kannst du die geistige Welt nicht wahrnehmen. Wir müssen dich vorstellen, und du mußt dich in uns empfinden. Du mußt dich so empfinden, wie der Gedanke, den du in der Sinneswelt denkst, sich erleben würde, wenn er sich in dir erleben könnte. Du mußt dich hingeben der geistigen Welt, dann wird in dich einziehen alles das, was sich dir offenbaren kann an Wesenheiten der höheren Hierarchien. Dann wird es in deine Seele einfließen und gnadevoll in deiner Seele leben, wie du in deinen Gedanken lebst, wenn du über die Sinneswelt denkst. Wenn dich die geistige Welt begnaden will, dann wird sie dich durchdringen mit ihrer Liebe, wenn sie sich deiner erbarmen und dich mit ihrer Liebe durchdringen will!

Aber du mußt nicht glauben, daß du dich den geistigen Wesen so gegenüberstellen kannst wie der sinnlichen Welt. Wie Moses in die Höhlung gehen mußte, so mußt du in die Höhlung der geistigen Welt dich hineinbegeben. Du mußt dich da hineinstellen. Wie der Gedanke in dir lebt, so mußt du dich in die geistigen Wesen hineinleben. Du mußt selber als Weltgedanke in dem Makrokosmos darinnen leben. Das, was du so erlebst, von selbst zu erleben, das kannst du nicht während deines Erdenlebens zwischen der Geburt und dem Tode, das kannst du nur nach dem Tode, wenn du gestorben bist. Niemand kann die geistige Welt so erleben, bevor er gestorben ist, aber vorüberziehen kann an dir die geistige Welt, dich begnaden, dich mit ihrer Liebe durchfluten. Und dann, wenn du nachher oder während du darinnen bist in dieser geistigen Welt, dein Erdenbewußtsein entwickelst, dann erglänzt dir herein in dein Erdenbewußtsein dasjenige, was die geistige Welt ist.

Wie der Gegenstand draußen ist und der Mensch gegenübersteht dem Gegenstande, wie der Gegenstand hineinragt in sein Bewußtsein und dann darinnen ist, so ist der Mensch mit seiner Seele in der Höhlung der geistigen Welt. Die geistige Welt zieht durch ihn durch.

Hier ist der Mensch vor den Dingen. Wenn der Mensch eingeht in die geistige Welt, sind die Wesenheiten der höheren Hierarchien hinter ihm. Da kann er nicht ihr Angesicht sehen, so wie die Gedanken nicht unser Antlitz sehen, wenn sie in uns sind. Das Antlitz ist vorn; die Gedanken sind dahinter, sie sehen nicht das Antlitz. Das ganze Geheimnis der Initiation ruht in den Worten, die Jahve zu Moses spricht.

Und Moses spricht zu Gott: «Zeige mir doch die Gestalt deiner Offenbarung.»

Worauf Jahve sprach: «Ich werde vorüberziehen lassen all meine Güte an deinem Angesicht, und ich will rufen den Namen Jahves vor dir und will gnadevoll sein dem, den ich begnaden darf, und will Erbarmen üben mit dem, mit dem ich Erbarmen üben darf.»

Dann aber sprach Jahve: «Du kannst mein Antlitz nicht sehen, denn mich sieht kein Mensch, der dann noch leben bleiben kann.» – An die Pforte des Todes kommt man ja durch die Initiation.

Und es sprach Jahve: «Hier ist ein Ort bei mir, stelle dich auf den Felsen. Und wenn meine Herrlichkeit vorüberzieht, so will ich dich in eine Höhlung des Felsens stellen und meine Hand über dich decken, bis ich vorüber bin. Wenn ich dann meine Hand entferne, so wirst du meine Rückseite sehen, aber mein Antlitz kann nicht geschaut werden.»

Es ist die entgegengesetzte Art, wie man die Sinneswelt wahrnimmt. Man muß vieles von dem, was man sich durch Jahre hindurch erwirbt an geisteswissenschaftlichem Streben, aufbringen, um in der richtigen Weise in Ehrfurcht und Hingabe vor einer solchen Offenbarung zu stehen. Dann aber kommt allmählich immer mehr und mehr dieses Gefühl der Ehrfurcht gegenüber diesen Offenbarungen in die Menschenseele hinein, und unter dem mancherlei, was wir brauchen, damit der angedeutete Umschwung in der geistigen Menschheitskultur hervortreten kann, ist diese Ehrfurcht, diese Hingebung.

Die Zeit, in welcher das geringste Maß von Eindrücken aus dem Makrokosmos zur Erde kommt, die Zeit von Weihnachten bis über das Neujahr hinaus, ungefähr bis zum 6. Januar, ist wohl geeignet, daß man sich nicht nur erinnere an das Gegenständliche der geistigen Erkenntnis, sondern an die Empfindungen, die wir in uns entwickeln müssen durch das Aufnehmen der Geisteswissenschaft. Wahrhaft leben wir uns also wieder hinein in den Erdgeist, mit dem wir zusammen doch eine Ganzheit bilden, und mit dem lebte das alte, hellseherische Erkennen, wie es uns etwa in dieser Legende von Olaf Åsteson dargestellt ist. Ehrfurcht und Hingebung gegenüber dem geistigen Leben hat die Menschheit des materialistischen Zeitalters vielfach verlernt. Notwendig ist es vor allen Dingen, darauf zu achten, daß diese Ehrfurcht und diese Hingebung wiederum kommt, denn nur dadurch werden wir die Stimmung entwickeln können, die uns auch in der richtigen Weise an die neue Geisteswissenschaft heranbringt. Vorerst ist immer noch jene Stimmung da, welche an diese Geisteswissenschaft so herantritt, wie man an die andere, gewöhnliche Wissenschaft herantritt. In dieser Beziehung muß aber eine gründliche Umkehr stattfinden.

Dadurch, daß der Menschheit verlorengegangen ist die Einsicht in die geistige Welt, ist auch verlorengegangen das richtige Verhältnis des Menschen zum ganzen Menschenwesen, zur Menschheit. Die materialistische Weltanschauung erzeugt chaotische Empfindungen über das Weltendasein. Diese chaotischen Empfindungen über das Welt- und Menschheitsdasein mußten hereinbrechen in der Zeit des Materialismus. Nehmen wir eine Zeit – und diese Zeit ist die unsrige: es sind die ersten Jahrhunderte der fünften nachatlantischen Kulturperiode –, wo man so gar keine wirkliche Ahnung mehr davon hatte, daß des Menschen Wesen ein dreifaches ist: das leibliche, das seelische und das geistige Wesen. Denn wahrhaftig, so ist es. Dasjenige, was für uns schon zu den ersten Elementen des geisteswissenschaftlichen Erkennens gehören muß: die Dreigliederung des Menschen in Leib, Seele und Geist, es fehlte von den ersten vier Jahrhunderten der fünften nachatlantischen Kulturperiode an bis in unsere Zeit hinein jede Ahnung davon. Der Mensch war eben Mensch, und alles Sprechen über eine menschliche Gliederung von der Art, wie wir sie haben in Leib, Seele und Geist, galt als törichte, phantastische Rederei.

Man könnte glauben, daß diese Dinge nur bedeutsam sind für die Erkenntnis. Das sind sie aber nicht. Sie sind nicht allein bedeutsam für die Erkenntnis, sondern sie sind auch bedeutsam für die ganze Art, wie sich der Mensch in das Leben hineinstellt. Im vierten Jahrhundert der neuzeitlichen Entwickelung oder auch, wie wir in unserer Sprache sagen, der Entwickelung der fünften nachatlantischen Kulturperiode, brachen in diese Zeit hinein drei gewaltige Worte, in denen gewissermaßen verstand oder wenigstens zu verstehen versuchte diese Zeit das Zentrum menschlichen Wollens im Erdenerleben. Drei Worte, die bedeutsam sind, die aber ihre Eigentümlichkeit erhielten dadurch, daß sie in der Zeit in die Menschheit hineinbrachen, in welcher man nichts wußte von der Dreigliederung der menschlichen Natur. Die Menschheit hörte von Freiheit, Gleichheit und Brüderlichkeit.

Daß diese Worte hineintönten in einer bestimmten Zeit in die neuzeitliche Kultur, war eine tiefe Notwendigkeit. Verstehen wird man diese Worte wirklich erst, wenn man die dreifache Gliederung der menschlichen Natur verstehen wird, weil man dann erst wissen wird, welche Bedeutung diese Worte für die Menschennatur, im wahren Sinne des Wortes, haben können. Solange man mit jenen chaotischen Empfindungen diese drei Worte erfüllt, die da ausgehen von dem Gedanken: Mensch ist Mensch, und die Dreigliederung des Menschen ist ein törichtes Wahngebilde, so lange kann der Mensch auch nicht innerhalb des Gebietes der Richtlinie dieser drei Worte sich zurechtfinden. Denn so wie uns die drei Worte entgegentreten, können sie nicht unmittelbar, man möchte sagen, auf gleichen Niveauflächen des menschlichen Erlebens angewendet werden. Das können sie nicht. Einfache Erwägungen, die Ihnen vielleicht deshalb, weil sie so einfach sind, nicht gleich in dem Schwerwiegenden, das sie bedeuten, vor das Seelenauge treten werden, können Ihnen andeuten, wie auf der gleichen Niveaufläche des Lebens das, was diese drei Worte bedeuten, in ernste Lebenskonflikte geraten kann.

Nehmen wir zunächst das Gebiet, in dem uns auf die natürlichste Weise der Welt die Brüderlichkeit entgegentritt. Nehmen wir die menschliche Blutsverwandtschaft, die Familie, wo wir die Brüderlichkeit nicht erst herzustellen brauchen, wo sie dem Menschen naturgemäß angeboren ist, und bedenken wir, wie es zu unseren Empfindungen spricht, wenn wir sehen können, daß in einer Familie echte, wahre Brüderlichkeit herrscht, daß alles brüderlich verbunden ist. Aber jetzt – ohne daß wir in geringstem Maße etwas zu dämpfen brauchen von der wundervollen Empfindung, die wir von dieser Brüderlichkeit haben können – werfen wir den Blick hinein, um zu sehen, was innerhalb der Brüderlichkeit der Familie entstehen kann, gerade wegen der Brüderlichkeit der Familie. Ein Glied kann in der Familie sein, welches sich gerade wegen der innerhalb der Familie gerechtfertigten Brüderlichkeit nicht wohl fühlt, sich heraussehnt aus der Brüderlichkeit der Familie, weil es fühlt, daß es die Seele nicht entfalten kann in der Brüderlichkeit der Familie, weil es fühlt, daß es heraus muß zur freien Entfaltung der Seele aus der Familie, in der es so brüderlich leben kann. Wir sehen, die Freiheit, die freie Entfaltung des Seelenlebens kann in Konflikt kommen mit der allerbestgemeinten Brüderlichkeit.

Selbstverständlich kann der Oberflächling sagen, das wäre nicht die rechte Brüderlichkeit, die mit der Freiheit einer Seele innerhalb der Brüderlichkeit sich nicht verträgt. Aber sagen kann man alles, was sich vorstellen läßt. Man kann sagen, daß sich alles miteinander verträgt, daran ist gar kein Zweifel. Ich habe neulich einmal eine Dissertation in die Hand bekommen. Unter den Thesen, die da zu verteidigen waren, war die These aufgestellt: Ein Dreieck ist ein Viereck. – Man kann natürlich auch das verteidigen, ja, man kann es sogar streng beweisen, daß ein Dreieck ein Viereck ist! So kann man auch voll beweisen, daß Brüderlichkeit und Freiheit vereinbar sind. Aber darum handelt es sich nicht, sondern es handelt sich darum, wie um der Freiheit willen manches Gebiet der Brüderlichkeit verlassen werden muß und auch verlassen wird. So könnten wir noch manches andere anführen.

Wenn man die Diskrepanzen zwischen Brüderlichkeit und Gleichheit aufzählen wollte, so würde man sehr lange darüber reden müssen. Selbstverständlich, in abstracto kann man sich wieder vorstellen: alle können gleich sein, und kann zeigen, daß sich Brüderlichkeit und Gleichheit vertragen. Aber es handelt sich nicht um Abstraktionen, sondern um die Beobachtung der Wirklichkeit, wenn wir es mit dem Leben ernst und ehrlich nehmen. In dem Augenblicke, wo wir wissen, daß die menschliche Wesenheit aus dem Leiblichen, das auf dem physischen Plane sich auslebt, besteht, aus dem Seelischen, das in der Seelenwelt eigentlich sich auslebt, und aus dem Geistigen, das in der geistigen Welt sich auslebt, eröffnet sich auch die richtige Perspektive für den Zusammenhang der drei gewaltigen Worte, die wir angeführt haben. Brüderlichkeit ist das wichtigste Ideal für die physische Welt, Freiheit für die Seelenwelt, und insofern der Mensch in der Seelenwelt darinnensteht, sollte man sprechen von der Freiheit der Seele, das heißt von einem solchen sozialen Zustande, welcher der Freiheit der Seele volle Gewähr leistet. Und wenn man bedenkt, daß wir, jeder von uns, streben müssen von unserem individuellen Standpunkte aus nach Geist-Erkenntnis, nach der Entwickelung unseres Geistes, um mit dem Geiste im Geisterland darinnenzustehen, so wird uns sehr bald vor das geistige Auge treten, wohin wir kämen mit unserer Geistauffassung, wenn jeder nur auf seinem eigenen Wege suchte und jeder zu einem ganz andern Geistesinhalt käme.

Wir können uns überhaupt als Menschen nur im Leben zusammenfinden, wenn wir, jeder für sich selber, den Geist suchen und zuletzt zu einem gleichen geistigen Inhalte kommen können. Von der Gleichheit des Geisteslebens kann gesprochen werden. Von Brüderlichkeit auf dem physischen Plane und in bezug auf alles das, was mit den Gesetzen des physischen Planes zusammenhängt und in die Menschenseele sich hineinlebt von dem physischen Plane aus. Freiheit in bezug auf alles das, was sich als Gesetze der Seelenwelt in die menschliche Seele hineinlebt; Gleichheit in bezug auf alles, was von den Gesetzen des Geisterlandes in die menschliche Seele sich hineinlebt.

Sie sehen, ein Weltenneujahr muß angehen, in dem eine Sonne wachsen wird in bezug auf ihre wärmende und leuchtende Kraft: jene Sonne, welche für manches, was in der Zeit der Verdunkelung zwar lebt, aber unverstanden lebt, die leuchtende Wärme geben muß. Das ist gerade das Eigentümliche unserer Zeit, daß manches erstrebt, manches ausgesprochen wird, ohne daß es verstanden wird.

Aber auch dieses kann uns zur Ehrfurcht führen und zur Hingebung gegenüber der geistigen Welt. Denn wenn wir bedenken, daß viele im vierten Jahrhundert der fünften nachatlantischen Periode

Brüderlichkeit, Freiheit und Gleichheit erstrebten und diese Worte ausgesprochen haben, ohne daß sie im Grunde genommen verstanden wurden, dann haben wir schon die Möglichkeit, zu verstehen und eine Antwort zu finden auf die Frage: Woher also sind diese Worte gekommen? – Die göttlich-geistige Weltenordnung hat sie zunächst im voraus der noch nicht verstehenden Menschenseele eingeimpft, damit sich diese an solchen Leitworten hinaufranke zum wahren Weltverständnis. Selbst in solchen Tatsachen können wir die weisheitsvolle Führung in der Weltenevolution beobachten. In uns mehr oder weniger fern- oder naheliegenden Zeiten können wir überall diese Führung beobachten, beobachten, wie wir oftmals erst hinterher einsehen, daß das, was wir vorher gemacht haben, eigentlich weisheitsvoller war, als wir es mit der damaligen Weisheit, die wir beherrscht haben, hätten machen können. Ich habe darauf aufmerksam gemacht gleich im Beginne meiner Schrift über «Die geistige Führung des Menschen und der Menschheit».

Aber wenn Sie so etwas nehmen wie die Tatsache, daß in die Weltenentwickelung, in die Entwickelung des Menschen hineinfallen Richtungsworte, die erst nach und nach verstanden werden können, dann werden Sie wohl aufmerksam werden auf ein Bild, das man gebrauchen kann, wenn man diese abgelaufene Periode der fünften nachatlantischen Kulturepoche charakterisieren will. Sie ist nämlich wirklich in bezug auf gewisse Dinge zu vergleichen mit der Zeit des Advents, wo die Zeiten des Tageslichtes immer kürzer und kürzer werden. Und nun tritt die Entwickelung in dieser unserer Zeit, in der wir wiederum etwas wissen können von den Offenbarungen der geistigen Welt, in die Phase ein, in der wir die Vorstellung gewinnen können, daß die lichtvollen Zeiten länger und länger werden und wir davon sprechen können, daß uns dieser Zeitenlauf wirklich analog erscheinen kann den dreizehn Tagen und dem Wiederhineinleben in die wieder wachsenden Tage.

Aber die Sache geht noch tiefer. Es ist nicht richtig, ganz und gar nicht richtig, wenn wir nur böse Worte finden für die materialistische Zeit der letzten vier Jahrhunderte. Es kam ja diese neue Zeit dadurch herauf, daß man die großen Entdeckungen und Erfindungen machte, wie man sie eben «groß» nennt im materialistischen Zeitalter, zum Beispiel daß man die Erde umschiffte, Länder entdeckte, die man früher nicht gekannt hat, daß man begann, die Erde zu kolonisieren. Das war der Beginn der materiellen Kultur. Und dann rückte nach und nach die Zeit heran, in der man fast erstickte in der materiellen Kultur. Die Zeit kam herauf, wo man alles, was man an geistigen Kräften hatte, zum Begreifen und Erfassen des materiellen Lebens anwendete. Immer mehr und mehr wurde vergessen, wie wir gesehen haben, dasjenige, was an Einblicken und Einsichten, an Schauungen in die geistige Welt aus alten Erkenntnissen vorhanden war.

Aber es ist nicht richtig, wenn man nur böse Worte für diese Zeit hat. Richtig ist vielmehr ein anderes, richtig ist, wenn man bedenkt, daß diese Menschenseele in ihrem wachen Teile materialistisch gedacht, materialistisch gesonnen hat, daß sie materialistisch die Wissenschaft und die Kultur begründet hat, daß aber diese Menschenseele ein Ganzes ist. Wenn ich schematisch das ausdrücken soll, so könnte ich sagen: Der eine Teil der Menschenseele begründete die materialistische Kultur. Früher war dieser Teil untätig, die Menschen wußten nichts von äußerer Wissenschaft, wußten nichts von äußerlichem, materiellem Leben; da war der spirituelle Teil mehr wach. (Es wurde gezeichnet.) In den letzten vier Jahrhunderten war gerade jener Teil wach, der die materialistische Kultur begründete, der andere aber hat geschlafen, er schlief, dieser andere Teil der Menschenseele. Und wahrhaftig, das, was wir jetzt an Kräften entwickeln in der Menschheit, um uns wieder hinaufzuarbeiten zur Spiritualität, ist veranlagt worden in der Zeit der materialistischen Kultur in den Seelengliedern, die unten geschlafen haben. Die Menschheit war wirklich in bezug auf die Geist-Erkenntnis in diesen Zeiten: Olaf Åsteson. Das war sie wirklich. Nur ist sie noch nicht erwacht, diese Menschheit! Die Geisteswissenschaft muß sie zum Erwachen bringen. Die Zeit muß kommen, wo junge und auch alte Leute Worte hören, die gesprochen werden aus dem Teil der Menschenseele heraus, der geschlafen hat in der finsteren Zeit.

Gar lange hat diese Menschenseele also geschlafen, aber es werden die Weltengeister an diese Menschenseele herantreten und ihr schon zurufen: Erwache nun, o Olaf Åsteson! – Wir müssen uns nur in der richtigen Weise vorbereiten, daß wir nicht vor den Ruf gestellt werden: Erwache nun, o Olaf Åsteson! – und nicht Ohren haben, zu hören. Dazu betreiben wir eben die Geisteswissenschaft, daß wir Ohren haben, wenn der Ruf nach dem spirituellen Wachsein in der Menschheitsentwickelung ertönen wird.

Es ist gut, wenn der Mensch manchmal sich erinnert, daß er ein Mikrokosmos ist und daß ihm manches werden kann an Erlebnissen, wenn er in dem Makrokosmos aufgeht. Und wir haben gesehen: die Zeit, die Jahreszeit ist günstig, in der wir jetzt leben. Versuchen wir einmal, uns diese Neujahrsnacht das Symbolum sein zu lassen für jene der Erdenentwickelung der Menschheit notwendige Neujahrsnacht, in der heranrücken wird die neue Zeitepoche, in der wachsen wird und immer mehr wachsen wird das Licht, das Seelenlicht, das Schauen, das Erkennen desjenigen, was im Spirituellen lebt und von dem Spirituellen aus die Menschenseele durchwallen und durchfluten kann. Bringen wir den Mikrokosmos unseres Erlebens in dieser Neujahrsnacht in Zusammenhang mit dem Makrokosmos des Menschheitserlebens über die Erde hin, dann werden wir erleben können, was wir an Empfindungen erleben sollen, da wir etwas ahnen können von dem Anbruch des neuen großen Weltentages in der fünften nachatlantischen Periode, an dessen Anbruch wir stehen, dessen Mitternacht wir würdig erleben wollen.

HINWEISE

Zu Seite:

9 *Das Traumlied:* «Draumkvaedet», siehe die Sammlung «Norske Folkeviser», herausgegeben von Thorwald Lammers, Kristiania 1910, bei H. Aschehoug & Co.

Über das norwegische Traumlied vom Olaf Åsteson sprach Rudolf Steiner am 1. Januar 1912, am 7. Januar 1913 und am 31. Dezember 1914; seine Ausführungen waren stets von der Rezitation des Traumliedes durch Marie Steiner-von Sivers begleitet. Diese drei Vorträge beziehungsweise Ansprachen wurden in einem Bande vereinigt, der als erweiterte Neuauflage des Vortrages «Welten-Neujahr» 1958 erschienen ist. Daß diese außergewöhnliche Volksdichtung innerhalb der anthroposophischen Bewegung einen so bedeutenden Platz eingeräumt erhielt, ist vor allem der Initiative von *Ingeborg Möller-Lindholm,* der norwegischen Dichterin (1878 bis 1964), zu danken, welche Rudolf Steiner auf die alte Legende aufmerksam machte. Durch ihr Entgegenkommen sind wir in der Lage, die Notizen, welche sie sich über ihre Gespräche mit Rudolf Steiner aufzeichnete, auch dieser Ausgabe hinzuzufügen. Aus einem Vortrag von Ingeborg Möller über «Das Traumlied des Olaf Åsteson», den sie uns in der Übersetzung freundlicherweise zur Verfügung stellte, haben wir einige Angaben als Hinweise aufgenommen und entsprechend gekennzeichnet.

Bemerkungen von Ingeborg Möller, Lillehammer, über das Traumlied

Im Juni des Jahres 1910 hielt Dr. Steiner in Oslo einen Vortragszyklus «Die Mission einzelner Volksseelen in Verbindung mit der germanisch-nordischen Mythologie». Ich lud bei dieser Gelegenheit wohl vierzig hinzugereiste anthroposophische Freunde zum Tee ein; damals wohnte ich in Oslo und hatte ein großes Zimmer zur Verfügung. Dr. Steiner und Frau Marie Steiner hatten sich auch bereit erklärt, zu kommen. Am Tage vorher bat ich Dr. Steiner, ob er nicht uns etwas erzählen könnte über das eigentümliche norwegische Volkslied: Das Traumlied des Olaf Åsteson. Rudolf Steiner lächelte freundlich und sagte, daß er doch das Lied erst gelesen oder gehört haben müßte. Dies sah ich ein. Er schlug dann selbst vor, am nächsten Tage eine Stunde vor den anderen Gästen zu kommen, damit ich das Lied vorlesen und für ihn vorläufig übersetzen konnte. So geschah es auch.

Während des Lesens saß Dr. Steiner mit geschlossenen Augen da und hörte intensiv zu. Er war deutlich tief ergriffen vom eigentümlichen Inhalt des Liedes. Nachdem der Tee getrunken war, wurde das Traumlied von einem Mitglied der Gesellschaft auf norwegisch vorgelesen. Darnach hielt Dr. Steiner einen ergreifenden, aber kurzen Vortrag über das Lied. Er verweilte besonders bei der Tatsache, daß die Handlungen in der Zeit der zwölf heiligen Nächte sich abspielen, wo die außerirdischen Einflüsse am stärksten sind. Außerdem berührte er besonders den

Namen des Olaf Åsteson. *Olaf* oder Oleifr = der «Gebliebene», der «Zurückgelassene», nachdem die Vorfahren nicht mehr da sind. Er ist der, der das Blut der Väter der Generationen weiterträgt. Åst bedeutet Liebe: er ist also «Der Liebe Sohn».

Dr. Steiner bat mich, das Lied ins Deutsche zu übersetzen. Er konnte selbst nicht Norwegisch, geschweige denn die alte, auch für moderne Norweger schwere Mundart, in der das Traumlied niedergeschrieben ist. Ich entschuldigte mich zuerst damit, daß ich die deutsche Sprache nicht so gut beherrschte, damit ich den wunderbaren, musikalischen Rhythmus mitbekommen könnte. Dr. Steiner sagte, das mache nichts – ich solle das Lied nur ganz nüchtern Wort für Wort übertragen, damit er einen genaueren Überblick über den Inhalt bekommen könne. Ich tat dieses im Laufe des Herbstes und sandte ihm die sehr prosaische und in vielen Beziehungen sehr mangelhafte Übersetzung. Nachher brachte Rudolf Steiner das Lied in eigene Rhythmen und hielt später mehrere Vorträge darüber. Es wurde dann auch für eurythmische Darstellungen verwendet, besonders zur Weihnachtszeit.

Im Jahre 1913 sagte Dr. Steiner zu mir, daß ich nicht die Vorstellung festhalten sollte, daß *Olaf, der Heilige,* der *ursprüngliche* Olaf Åsteson sei. (St. Olaf, norwegischer König, fiel 1035 n. Chr. in der Schlacht bei Stiklestad, als Vorkämpfer des Christentums.) Es habe mehrere «Olaf Åsteson» gegeben, sagte Dr. Steiner. Es war dies eine Art Mysterien-Titel.

Nach dem Ersten Weltkrieg war Dr. Steiner 1921 und 1923 wieder in Norwegen. Er wohnte damals bei Ingenieur Ingerö. Frau Ragnhild Ingerö, die vor einigen Jahren starb, erzählte mir, daß Dr. Steiner mit ihr über das Traumlied gesprochen hatte. Er hatte sich inzwischen mehr damit beschäftigt und Neues herausgefunden. Unter anderem, daß das Lied viel älter sei, als gewöhnlich angenommen wurde. Es stammt ungefähr aus dem Jahr 400 n. Chr. Damals lebte ein großer, christlicher Eingeweihter hier im Lande. Er begründete eine Mysterienschule in Südnorwegen; der Ort wurde nicht genannt. Sein Mysterienname war Olaf Åsteson, und das Lied schildert seine Einweihung. Ursprünglich, so erzählte Dr. Steiner, war das Lied viel länger und hatte zwölf Abschnitte, einen für jedes Bild im Tierkreis. Das Lied schildert Olaf Åstesons Wanderung durch den ganzen Tierkreis, was er dort sah und erlebte. Es sind nur Reste des ursprünglichen Liedes, die wir heute haben. Die erwähnte Mysterienschule bestand bis in das frühe Mittelalter hinein. Der Leiter wurde immer Olaf Åsteson genannt.

Dr. Steiner sagte, daß er mit der Zeit diese Tatsachen öffentlich bekanntmachen würde, und auch andere wichtige Dinge in Verbindung mit dem Liede. Er wollte dies aber nicht tun, bevor er bestimmte äußere Belege für seine Mitteilungen gefunden hatte. Er meinte diese auch finden zu können. Aber der Brand des Goetheanums, übermäßige Arbeit und zuletzt Krankheit und Tod haben auch dieses Vorhaben verhindert. Jetzt besitzen wir nur diese Andeutungen.

Über diese Mitteilungen von Dr. Steiner habe ich viel nachgedacht und bin zu dem Ergebnis gekommen, daß diese Mysterienschule vielleicht in «*Skiringssal*» zu suchen ist. Dieser Ort liegt, oder vielmehr lag in Vestfold; einer Ortschaft im südwestlichen Norwegen. Der Ort wird in den alten Sagen immer als heilig bezeichnet. Die Wikinger, die im Ausland starben, wünschten in Skiringssal begraben zu werden. Dort war auch ein «Kaupang» (Kaufplatz). Jetzt graben die Archäologen dort etwas aus, wovon sie annehmen, daß es der Rest dieses Handelsplatzes ist. Bis jetzt hat man aber nicht sicher aufweisen können, wo Skiringssal liegt. Damals lag es an der Küste; jetzt haben Lehmablagerungen dazu geführt, daß der Ort tiefer in das Land «hineingeschoben» ist. Skiringssal bedeutet: Saal der Reinigung. *Skirn* bedeutet Taufe oder Reinigung (altnordisch).

Woher kam nun der erste Olaf Åsteson? Es ist historisch erwiesen, daß irisch-schottische Mönche hier im Lande waren, lange bevor das Christentum offiziell eingeführt wurde. Den Legenden zufolge kam Joseph von Arimathia schon im ersten nachchristlichen Jahrhundert zu den britischen Inseln und begann dort seine Missionswirksamkeit. In Irland gab es schon seit Urzeiten heilige Mysterienstätten. Ringsum auf den andern Inseln waren die Völkerstämme heidnisch. Aus der Wirksamkeit der christlichen Missionare, zusammenfließend mit der alten Druidenweisheit, entstand die irisch-schottische Kirche, auch die *Culdeerkirche* genannt. Sie blühte an vielen Orten schon zwischen 300 und 400 n.Chr. Es gab Kirchen, Schulen und Klöster, trotzdem diese immer in Mitleidenschaft gezogen wurden durch Angriffe der mächtigen heidnischen Stammesnachbarn. Viele Priester und Mönche erlitten den Märtyrertod. Diese Culdeerkirche gründete sich besonders auf das Johannes-Evangelium und die Verkündigungen des Apostels Johannes. Sie ähnelte den ersten christlichen Gemeinden und stand im starken Gegensatz zu der petrinischen oder römisch-katholischen Kirche. Aber die letztere siegte. Die Culdeerkirche wurde vernichtet und aufgelöst im Jahre 664 n.Chr. Sowohl vor als nach dieser äußeren Vernichtung sandte sie viele Missionare in verschiedene europäische Länder. Diese Kirche war ausgesprochen *esoterischer* Art. Vieles spricht dafür, daß der erste Olaf Åsteson ein Vertreter dieser Geistesströmung war.

«Bei diesem norwegischen Volke, das ja noch in seiner *Volkssprache* vieles hat, das hart herangeht an die Grenze der okkulten Geheimnisse, waren länger die Möglichkeiten vorhanden, die Seelen im Zusammenhange zu lassen mit dem, was lebt und webt hinter den äußeren materiellen Erscheinungen.» Rudolf Steiner, aus dem Vortrag über Olaf Åsteson, Berlin, 7. Januar 1913, in «Der Zusammenhang des Menschen mit der elementarischen Welt», Bibl.-Nr. 158, GA 1970.

12 *Gjallarbrücke:* Diese Brücke wölbt sich über den mystischen Fluß Gjöll, der die Reiche trennt in der geistigen Welt. (I.M.)

13 *Es schlug mich die Geisterschlange:* Olaf erzählt weiter, wie er über den Tierkreis (Zodiakus) fuhr. Gerade hier ist es deutlich, daß ein großer Teil des Liedes fehlt,

wie es auch Landstad in seinen Kommentaren berichtet. Von den Sternbildern wird nur der «Hund» (Canis major) erwähnt. Dieses Sternbild liegt aber außerhalb des Tierkreises. Gleichfalls die «Schlange» (Serpens). Aber der «Stier» (Taurus) im Tierkreis ist ihm ein wichtiges Bild. – Nachdem der Tierkreis durchlaufen ist, bekommt Olaf die Eingebung, einen anderen Weg einzuschlagen; er begibt sich auf die Milchstraße (vintergaten). Es ist eine alte Vorstellung, daß die Milchstraße in das Reich der Seligen, in das Paradies führt. (I. M.)

14 *Brooksvalin:* «Brooksvalin» ist ein altes, eigentümliches Wort, das Landstad mit «Der Bedrängnis Vorhof» übersetzt. Aus dem Liede geht hervor, daß Olaf jetzt wieder in den Tierkreis zurückkehrt und in das Zeichen der Waage kommt. (I. M.)

15 *Vom Höllenfürsten geleitet:* Grutte Graubart-Ahriman. (I. M.)

Und wog die Menschenseelen: Überall, wo das Christentum sich ausgebreitet hatte, gab es Bilder von Michael, der eine Waage in der einen Hand hält. In der anderen hat er oft eine Lanze oder ein Schwert, womit er den Drachen durchbohrt. So wird er auf unzähligen Kirchenmalereien und Skulpturen dargestellt, zum Beispiel auf dem Nordportal der Domkirche in Drontheim. – Hiermit ist im Grunde der epische Teil des Liedes zu Ende. Es folgen noch einige Verse; Olaf ermahnt seine Mitmenschen im Sinne des Wortes der Heiligen Schrift: «Sie sollen von ihrer Arbeit ruhen, aber ihre Taten folgen ihnen.» M. B. Landstad, ein bekannter norwegischer Psalmendichter, erzählt, er hätte gehört, daß das Lied früher bei der Leichenwache verwendet wurde für den Verstorbenen. Das Lied sollte der Seele eine Hilfe sein für ihren ersten Weg in der anderen Welt. (I. M.)

20 *aus dem zweiten Moses-Buche, 33. Kapitel Vers 18:* In der von Rudolf Steiner angegebenen Übersetzung durch Dr. Hugo Bergmann heißt es wörtlich: «Und Mose sprach zu Gott: Zeige mir doch deine Herrlichkeit! Und dieser sprach: Ich werde vorüberziehen lassen all meine Güte an deinem Angesicht und will rufen den Namen Jahves vor dir und will gnädig sein dem, den ich begnade, und mich erbarmen des, dessen ich mich erbarme. Dann aber sprach er: Du kannst mein Antlitz nicht sehen, denn mich sieht kein Mensch, der dann leben bliebe. Und es sprach Jahve: Hier ist ein Ort bei mir, stelle dich auf den Felsen. Und wenn meine Herrlichkeit vorüberzieht, so will ich dich in eine Höhlung des Felsens stellen und meine Hand über dich decken, bis ich vorüber bin. Wenn ich dann meine Hand entferne, so wirst du meine Rückseite sehen; aber mein Antlitz kann nicht geschaut werden.»

ÜBER DIE VORTRAGSNACHSCHRIFTEN

Aus Rudolf Steiners Autobiographie «Mein Lebensgang» (35. Kap., 1925)

Es liegen nun aus meinem anthroposophischen Wirken zwei Ergebnisse vor; erstens meine vor aller Welt veröffentlichten Bücher, zweitens eine große Reihe von Kursen, die zunächst als Privatdruck gedacht und verkäuflich nur an Mitglieder der Theosophischen (später Anthroposophischen) Gesellschaft sein sollten. Es waren dies Nachschriften, die bei den Vorträgen mehr oder weniger gut gemacht worden sind und die – wegen mangelnder Zeit – nicht von mir korrigiert werden konnten. Mir wäre es am liebsten gewesen, wenn mündlich gesprochenes Wort mündlich gesprochenes Wort geblieben wäre. Aber die Mitglieder wollten den Privatdruck der Kurse. Und so kam er zustande. Hätte ich Zeit gehabt, die Dinge zu korrigieren, so hätte vom Anfange an die Einschränkung «Nur für Mitglieder» nicht zu bestehen gebraucht. Jetzt ist sie seit mehr als einem Jahre ja fallen gelassen.

Hier in meinem «Lebensgang» ist notwendig, vor allem zu sagen, wie sich die beiden: meine veröffentlichten Bücher und diese Privatdrucke in das einfügen, was ich als Anthroposophie ausarbeitete.

Wer mein eigenes inneres Ringen und Arbeiten für das Hinstellen der Anthroposophie vor das Bewußtsein der gegenwärtigen Zeit verfolgen will, der muß das an Hand der allgemein veröffentlichten Schriften tun. In ihnen setzte ich mich auch mit alle dem auseinander, was an Erkenntnisstreben in der Zeit vorhanden ist. Da ist gegeben, was sich mir in «geistigem Schauen» immer mehr gestaltete, was zum Gebäude der Anthroposophie – allerdings in vieler Hinsicht in unvollkommener Art – wurde.

Neben diese Forderung, die «Anthroposophie» aufzubauen und dabei nur dem zu dienen, was sich ergab, wenn man Mitteilungen aus der Geist-Welt der allgemeinen Bildungswelt von heute zu übergeben hat, trat nun aber die andere, auch dem voll entgegenzukommen, was aus der Mitgliedschaft heraus als Seelenbedürfnis, als Geistessehnsucht sich offenbarte.

Da war vor allem eine starke Neigung vorhanden, die Evangelien und den Schrift-Inhalt der Bibel überhaupt in dem Lichte dargestellt zu hören, das sich als das anthroposophische ergeben hatte. Man wollte in Kursen über diese der Menschheit gegebenen Offenbarungen hören.

Indem interne Vortragskurse im Sinne dieser Forderung gehalten wurden, kam dazu noch ein anderes. Bei diesen Vorträgen waren nur Mitglieder. Sie waren mit den Anfangs-Mitteilungen aus Anthroposophie bekannt. Man konnte zu ihnen eben so sprechen, wie zu Vorgeschrittenen auf dem Gebiete der Anthroposophie. Die Haltung dieser internen Vorträge war eine solche, wie sie eben in Schriften nicht sein konnte, die ganz für die Öffentlichkeit bestimmt waren.

Ich durfte in internen Kreisen in einer Art über Dinge sprechen, die ich für die öffentliche Darstellung, wenn sie für sie von Anfang an bestimmt gewesen wären, hätte anders gestalten *müssen.*

So liegt in der Zweiheit, den öffentlichen und den privaten Schriften, in der Tat etwas vor, das aus zwei verschiedenen Untergründen stammt. Die ganz öffentlichen Schriften sind das Ergebnis dessen, was in mir rang und arbeitete; in den Privatdrucken ringt und arbeitet die Gesellschaft mit. Ich höre auf die Schwingungen im Seelenleben der Mitgliedschaft, und in meinem lebendigen Drinnenleben in dem, was ich da höre, entsteht die Haltung der Vorträge.

Es ist nirgends auch nur in geringstem Maße etwas gesagt, was nicht reinstes Ergebnis der sich aufbauenden Anthroposophie wäre. Von irgend einer Konzession an Vorurteile oder Verempfindungen der Mitgliedschaft kann nicht die Rede sein. Wer diese Privatdrucke liest, kann sie im vollsten Sinne eben als das nehmen, was Anthroposophie zu sagen hat. Deshalb konnte ja auch ohne Bedenken, als die Anklagen nach dieser Richtung zu drängend wurden, von der Einrichtung abgegangen werden, diese Drucke nur im Kreise der Mitgliedschaft zu verbreiten. Es wird eben nur hingenommen werden müssen, daß in den von mir nicht nachgesehenen Vorlagen sich Fehlerhaftes findet.

Ein Urteil über den Inhalt eines solchen Privatdruckes wird ja allerdings nur demjenigen zugestanden werden können, der kennt, was als Urteils-Voraussetzung angenommen wird. Und das ist für die allermeisten dieser Drucke *mindestens* die anthroposophische Erkenntnis des Menschen, des Kosmos, insofern sein Wesen in der Anthroposophie dargestellt wird, und dessen, was als «anthroposophische Geschichte» in den Mitteilungen aus der Geist-Welt sich findet.

RUDOLF STEINER GESAMTAUSGABE

Gliederung nach: Rudolf Steiner – Das literarische und künstlerische Werk. Eine bibliographische Übersicht (Bibliographie-Nrn. *kursiv* in Klammern)

A. SCHRIFTEN

I. Werke

Goethes Naturwissenschaftliche Schriften, eingeleitet und kommentiert von R. Steiner, 5 Bände, 1883/97, Neuausgabe 1975 *(1a-e)*; separate Ausgabe der Einleitungen, 1925 *(1)*

Grundlinien einer Erkenntnistheorie der Goetheschen Weltanschauung, 1886 *(2)*

Wahrheit und Wissenschaft. Vorspiel einer «Philosophie der Freiheit», 1892 *(3)*

Die Philosophie der Freiheit. Grundzüge einer modernen Weltanschauung, 1894 *(4)*

Friedrich Nietzsche, ein Kämpfer gegen seine Zeit, 1895 *(5)*

Goethes Weltanschauung, 1897 *(6)*

Die Mystik im Aufgange des neuzeitlichen Geisteslebens und ihr Verhältnis zur modernen Weltanschauung, 1901 *(7)*

Das Christentum als mystische Tatsache und die Mysterien des Altertums, 1902 *(8)*

Theosophie. Einführung in übersinnliche Welterkenntnis und Menschenbestimmung, 1904 *(9)*

Wie erlangt man Erkenntnisse der höheren Welten? 1904/05 *(10)*

Aus der Akasha-Chronik, 1904/08 *(11)*

Die Stufen der höheren Erkenntnis, 1905/08 *(12)*

Die Geheimwissenschaft im Umriß, 1910 *(13)*

Vier Mysteriendramen: Die Pforte der Einweihung – Die Prüfung der Seele Der Hüter der Schwelle – Der Seelen Erwachen, 1910/13 *(14)*

Die geistige Führung des Menschen und der Menschheit, 1911 *(15)*

Anthroposophischer Seelenkalender, 1912 *(in 40)*

Ein Weg zur Selbsterkenntnis des Menschen, 1912 *(16)*

Die Schwelle der geistigen Welt, 1913 *(17)*

Die Rätsel der Philosophie in ihrer Geschichte als Umriß dargestellt, 1914 *(18)*

Vom Menschenrätsel, 1916 *(20)*

Von Seelenrätseln, 1917 *(21)*

Goethes Geistesart in ihrer Offenbarung durch seinen Faust und durch das Märchen von der Schlange und der Lilie, 1918 *(22)*

Die Kernpunkte der sozialen Frage in den Lebensnotwendigkeiten der Gegenwart und Zukunft, 1919 *(23)*

Aufsätze über die Dreigliederung des sozialen Organismus und zur Zeitlage, 1915–1921 *(24)*

Kosmologie, Religion und Philosophie, 1922 *(25)*

Anthroposophische Leitsätze, 1924/25 *(26)*

Grundlegendes für eine Erweiterung der Heilkunst nach geisteswissenschaftlichen Erkenntnissen, 1925. Von Dr. R. Steiner und Dr. I. Wegman *(27)*

Mein Lebensgang, 1923/25 *(28)*

II. Gesammelte Aufsätze

Aufsätze zur Dramaturgie 1889–1901 *(29)* – Methodische Grundlagen der Anthroposophie 1884–1901 *(30)* – Aufsätze zur Kultur- und Zeitgeschichte 1887–1901 *(31)* – Aufsätze zur Literatur 1886–1902 *(32)* – Biographien und biographische Skizzen 1894–1905 *(33)* – Aufsätze aus «Lucifer-Gnosis» 1903–1908 *(34)* – Philosophie und Anthroposophie 1904–1918 *(35)* – Aufsätze aus «Das Goetheanum» 1921–1925 *(36)*

III. Veröffentlichungen aus dem Nachlaß

Briefe – Wahrspruchworte – Bühnenbearbeitungen – Entwürfe zu den Vier Mysteriendramen 1910–1913 – Anthroposophie. Ein Fragment aus dem Jahre 1910 – Gesammelte Skizzen und Fragmente – Aus Notizbüchern und -blättern – *(38–47)*

B. DAS VORTRAGSWERK

I. Öffentliche Vorträge

Die Berliner öffentlichen Vortragsreihen, 1903/04 bis 1917/18 *(51–67)* – Öffentliche Vorträge, Vortragsreihen und Hochschulkurse an anderen Orten Europas 1906–1924 *(68–84)*

II. Vorträge vor Mitgliedern der Anthroposophischen Gesellschaft

Vorträge und Vortragszyklen allgemein-anthroposophischen Inhalts – Christologie und Evangelien-Betrachtungen – Geisteswissenschaftliche Menschenkunde – Kosmische und menschliche Geschichte – Die geistigen Hintergründe der sozialen Frage – Der Mensch in seinem Zusammenhang mit dem Kosmos – Karma-Betrachtungen – *(91–244)*
Vorträge und Schriften zur Geschichte der anthroposophischen Bewegung und der Anthroposophischen Gesellschaft *(251–263)*

III. Vorträge und Kurse zu einzelnen Lebensgebieten

Vorträge über Kunst: Allgemein-Künstlerisches – Eurythmie – Sprachgestaltung und Dramatische Kunst – Musik – Bildende Künste – Kunstgeschichte – *(271–292)* – Vorträge über Erziehung *(293–311)* – Vorträge über Medizin *(312–319)* – Vorträge über Naturwissenschaft *(320–327)* – Vorträge über das soziale Leben und die Dreigliederung des sozialen Organismus *(328–341)* – Vorträge für die Arbeiter am Goetheanumbau *(347–354)*

C. DAS KÜNSTLERISCHE WERK

Originalgetreue Wiedergaben von malerischen und graphischen Entwürfen und Skizzen Rudolf Steiners in Kunstmappen oder als Einzelblätter: Entwürfe für die Malerei des Ersten Goetheanum – Schulungsskizzen für Maler – Programmbilder für Eurythmie-Aufführungen – Eurythmieformen – Skizzen zu den Eurythmiefiguren, u. a.

Die Bände der Rudolf Steiner Gesamtausgabe
sind innerhalb einzelner Gruppen einheitlich ausgestattet
Jeder Band ist einzeln erhältlich